DISCOURS

PRONONCÉ

PAR

MONSEIGNEUR L'ÉVÊQUE DE POITIERS,

A LA SOLENNITÉ DE LA CONSÉCRATION

DE

L'ÉGLISE DE NOTRE-DAME DE BON-ENCONTRE,

PENDANT LA SESSION DU CONCILE D'AGEN,

Le 14 Septembre 1859.

AGEN

IMPRIMERIE DE PROSPER NOUBEL

—

1859

DISCOURS

DISCOURS

PRONONCÉ

PAR

MONSEIGNEUR L'ÉVÊQUE DE POITIERS,

A LA SOLENNITÉ DE LA CONSÉCRATION

DE

L'ÉGLISE DE NOTRE-DAME DE BON-ENCONTRE,

PENDANT LA SESSION DU CONCILE D'AGEN,

Le 11 Septembre 1859.

In viis ostendit se illis hilariter, et in omni providentiâ occurrit illis.

Elle se montre agréablement à eux sur leurs chemins, et elle s'offre à leur rencontre dans toutes les occasions les plus providentielles.

Au livre de la Sagesse, *ch. IV, v. 17.*

MONSEIGNEUR, (1)

Quelle est aujourd'hui cette solennité dont la forme s'écarte des cérémonies que l'Église a marquées pour

(1) S. E. le Cardinal-Archevêque de Bordeaux, Président du Concile.

les sessions publiques de ses Conciles ? N'y avait-il point de témérité à soustraire ainsi Votre Eminence et tout l'Épiscopat de la Province ([1]) à leurs graves travaux, et ne faudra-t-il pas regretter une journée absorbée presque entièrement par les rites de cette consécration d'église ? Mais à quoi bon cette question ? La réponse est sur tous les visages. Considérez plutôt, Mes Très-Chers Frères, cette assemblée de Pontifes et de Prêtres, tout rayonnants de joie, qui se sont rendus de si grand cœur en ce lieu sur l'invitation de la Bienheureuse Mère de Dieu et toujours Vierge Marie : *Sanctorum cœtum qui, à sanctâ et Deiparâ semperque Virgine Mariâ invitati, prompto animo hùc confluxerunt lætum erectumque conspicio.* ([2]) Ah ! c'est que loin d'être un hors-d'œuvre et une diversion dans l'économie de notre Concile, cette solennité, au contraire, en est comme l'assaisonnement et le bouquet. J'en dirai tout-à-l'heure les raisons. Merci donc à vous, pieux Pontife et pasteur de cette église, merci d'avoir préparé cette heureuse coïncidence. Pour nous tous et pour les actes de notre Concile d'Agen, celle dont nous venons de consacrer le sanctuaire sera véritablement *Notre-Dame de Bon-Encontre.* Si la voix du peuple, qui est aussi la voix de Dieu, ne nous avait devancés de plus de trois siè-

([1]) NN. SS. les Évêques de Périgueux, d'Agen, de la Basse-Terre (La Guadeloupe), d'Angoulême, de Luçon, de La Rochelle. — Les délégués de NN. SS. de Saint-Denys (La Réunion) et de Saint-Pierre et Fort de France (La Martinique).

([2]) S. Cyril. Alexandr. homilia Ephesi in Nestor. habita, I.

cles, un de nos décrets décernerait aujourd'hui ce titre à Marie. Car Marie ne pouvait se montrer plus agréablement sur notre chemin, ni venir plus providentiellement au-devant de nous : *In viis ostendit se illis hilariter, et in omni providentiâ occurrit illis.*

Mais nos actions de grâces doivent monter plus haut. Salut donc à vous, ô sainte et adorable Trinité, qui nous avez convoqués tous dans cette église de la Sainte Mère de Dieu : *Salve itaque à nobis, sancta mystica Trinitas, quæ nos omnes in hanc Sanctæ Mariæ Deiparæ ecclesiam convocasti.* (1) Par cet aqueduc et ce canal, l'assistance divine nous sera départie plus sûrement et plus abondamment. Entendez cette doctrine, M. T.-C. F.

Sans nul doute, c'est en vertu d'une mission expresse de Dieu que les Évêques ont autorité sur le troupeau qui leur est commis, et c'est le Saint-Esprit lui-même qui les a posés et institués pour gouverner l'Église, selon cette grande parole du grand Apôtre : *Attendite vobis et universo gregi in quo vos Spiritus Sanctus posuit Episcopos regere Ecclesiam Dei.* (2) Mais pour remplir leur charge de gardiens de la vérité et de pasteurs des âmes, les Évêques ont besoin de la lumière et du secours d'en haut. Or, comment leur vient cette assistance ? Et ne serait-ce pas faire injure à l'Esprit-Saint que de supposer une entremise quelconque entre lui et les docteurs de la foi ?

M. F., ne vous laissez pas aller à de vaines alarmes.

(1) Ibid. — (2) Act. XX, 28.

Vos Évêques ne sont pas d'une condition supérieure à celle des Apôtres, puisqu'ils n'en sont que les humbles successeurs. Or, c'est une vérité fondée sur la sainte tradition que les Apôtres et les Évangélistes eux-mêmes ont eu Marie pour institutrice et pour conseillère. Parmi cent autres témoignages de l'antiquité, entendez celui du grand archevêque de Tolède, saint Ildephonse : « La Vierge Mère de Dieu était la noble « contubernale des Apôtres ; elle vivait dans leur « société habituelle; et parce qu'elle connaissait avec « plus d'étendue et d'exactitude que personne les actes « et les paroles du Verbe fait chair, elle en conférait « sans cesse avec eux, pour les en instruire avec plus « de vérité et dans un plus grand détail. » [1] « En re- « montant vers son Père, dit à son tour saint Thomas « de Villeneuve, le divin Maître a légué son école et sa « chaire à Marie : *scholas et cathedram suam reliquit* « *Mariæ ;* non pas afin que Marie gouvernât l'Église, « ce qui appartenait à Pierre; mais afin qu'elle ensei- « gnât aux disciples la céleste sagesse qu'elle avait ap- « prise dès le commencement. [2] » Par suite de cela, « quoi d'étonnant, observe saint Ambroise, que saint

[1] Apostolorum conventui nobili contubernio semper adhærebat Virgo, cum illis semper habitabat, cum illis de humanis Christi actibus, ut uberius ac specialius cognoscebat, ità verius ac specialius conferebat, ut ab eà discerent (S. Ildeph. Serm. V, de Assumpt.).

[2] Propter singularem et excellentem eruditionem, cœlestis Magister ad Patrem, undè venerat, rediturus, scholas et cathedram suam reliquit Mariæ, non quidem ut oves suas regeret, sicut Petrus, sed ut discipulos suos cœlesti sapientià, quam ab initio didi-

« Jean ait excellé sur tous les autres à énoncer les di-
« vins mystères, lui qui pouvait consulter à toute heure
« le dépôt vivant des secrets éternels ? [1] » « C'est de
« la bouche de Marie, nous dit un autre saint person-
« nage, que l'évangéliste saint Luc a recueilli tant de
« particularités que lui seul nous a transmises sur la
« naissance et sur toute l'enfance du Christ. [2] » Assuré-
ment les Apôtres et les écrivains sacrés étaient instruits par le Saint-Esprit. Mais, s'écrie le saint abbé Rupert,
« parce que le Saint-Esprit les enseignait, n'avaient-ils
« donc aucun besoin de l'enseignement magistral de
« votre voix, ô Vierge Sainte ? Ah ! bien plutôt, votre
« voix fut pour eux la voix de l'Esprit-Saint : *Imò,*
« *vox tua, vox illis fuit Spiritûs Sancti.* [3] »

Après cela, M. T.-C. F., ne vous étonnez pas si, nonobstant la promesse que J.-C. leur a faite d'être au milieu d'eux lorsqu'ils sont assemblés en son nom, les Évêques réunis en Concile lèvent leurs yeux et leurs

cerat, erudiret,.... Apostolorum omnium, et discipulorum Christi, Ecclesiarumque magistra (S. Thom. de Vill. Nov. Sermo III, de Assumpt.).

[1] Mirum non est præ cæteris Joannem locutum fuisse divina mysteria, cui præstò erat aula cœlestium sacramentorum (S. Ambros., de Instit. Virg., c. 7).

[2] Sicut tradiderunt nobis, qui ab initio ipsi viderunt et ministri fuerunt sermonis (Luc., I. 2). — Singulariter autem creditur S. Lucas multa ab eâ didicisse, ea videlicet quæ vel solus, vel plenius, de Christi annuntiatione, generatione, circumcisione, purificatione atque infantiâ feliciter fideliterque conscripsit (Dionys. Carthusian., de Præcon. Mariæ. l. II. art. 21).

[3] Rupert. in Cantic., c. 1.

mains vers la divine Vierge, vers celle qui est appelée le siége de la sagesse et la mère de la grâce divine, dans l'espérance de recevoir par son entremise des lumières plus abondantes et des inspirations plus sûres. Ne vous étonnez pas s'ils cèdent au transport qui animait saint Cyrille, au début du Concile d'Ephèse, et s'ils redisent sa harangue, ou plutôt son hymne mélodieux à Marie : « Salut, ô Vierge Mère de Dieu, salut au nom « de tout cet Episcopat ici assemblé : *Salve à nobis, Dei-* « *para Maria !* » L'œuvre d'un Concile, c'est de répandre la lumière et l'amour, la vérité et la grâce. « Salut « donc à vous, ô lampe inextinguible, dont l'huile ne tarit « pas, dont la flamme ne s'éteint point : *Salve Maria,* « *lampas incxtinguibilis.* Salut, ô Marie Mère de Dieu, « vous qui avez donné à la terre la lumière véritable, « N. S. J.-C., celui qui dit dans les Evangiles : Je suis « la lumière du monde ! Salut, ô Marie Mère de Dieu, « vous de qui est née cette grâce ineffable dont l'Apô- « tre disait : La grâce bienfaisante de Dieu est apparue « à tous les hommes ! » L'œuvre d'un Concile, c'est de pourvoir au bon gouvernement des Eglises qui nous sont confiées. « Salut donc à vous, ô Marie Mère de « Dieu, par qui dans tout l'univers, dans les villes, dans « les bourgs, dans les îles, ont été fondées toutes les « Eglises orthodoxes : *Salve, Maria Deipara, per quam* « *toto terrarum orbe..., in civitatibus, in pagis, in in-* « *sulis, orthodoxorum fundatæ sunt Ecclesiæ !* [1] » Enfin,

[1] S. Cyrill. Homil. I et II, Ephesi habit.

l'œuvre d'un Concile, c'est de flétrir, c'est de condamner l'erreur. « Salut donc à vous, ô Marie, qui êtes le sceptre « de la droite doctrine ; salut à vous qui avez écrasé la « tête du serpent, et qui avez renversé du ciel le diable « tentateur : *Salve, sceptrum rectæ doctrinæ...., per* « *quam dæmones fugantur, per quam tentator diabolus* « *de cælo decidit.* [1] » Soyez-en donc bien convaincus, pieux habitants de cette contrée, loin de nous plaindre du rapport qui unit à partir d'aujourd'hui notre Concile à votre sanctuaire, nous considérons ce lien comme une faveur et comme une grâce. Soyez mille fois bénie, ô Notre-Dame de Bon-Encontre, de vous être placée si à propos sur notre chemin et d'être venue si providentiellement au-devant de nous ! Nous voudrions poser ici notre tente, y fixer la salle de nos délibérations. Du moins, en retournant vers la cité, nous emporterons votre image dans notre cœur. Les théologiens sont partagés sur la question de savoir si la Vierge Marie assista aux Conciles célébrés de son vivant par les Apôtres. Pour nous, ô Sainte Mère de Dieu, nous vous demandons de daigner siéger au milieu de nous. [2] Dans tous nos doutes, dans toutes nos hésitations, nous prendrons votre suffrage, nous réclamerons votre voix : *Sonet vox tua in auribus nostris.* [3] Et pour nous, comme pour les Evangélistes et les Apôtres, votre voix sera la voix

(1) Ibid.

(2) Theolog. Marian. *Utrum Beata Virgo interfuerit Conciliis Apostolicis.* 2 Pars III, art. III, n. 1619-1628.

(3) Cantic. II, 14.

de l'Esprit-Saint : *Vox tua, vox illis fuit Spiritûs Sancti.* (1)

Mais c'est trop parler de nous et de notre Concile. Ce que vous attendez de moi, M. T.-C. F., c'est que je vous parle surtout de ce pieux pèlerinage, de ce sanctuaire de Bon-Encontre où nous sommes rassemblés. De grand cœur je le ferai, M. F.; car tout me plait dans ce lieu de dévotion : son nom, qui exprime toute une vérité consolante de l'ordre surnaturel; ses origines, qui offrent des analogies avec les faits les plus illustres de la religion; son histoire, qui est un tissu de merveilles, et qui se couronne par une page si glorieuse en ce jour.

Marie est appelée ici Notre-Dame de Bon-Encontre. Suivez, je vous prie, M. F., l'exposition théologique que ce nom m'amène à vous présenter rapidement. La matière réclame une attention sérieuse. Si je me contentais de toucher les côtés gracieux, d'effleurer les parties les plus saillantes de mon sujet, je serais plus pathétique, plus attachant peut-être; au risque de ne pas répondre à toute votre attente, je préfère descendre dans les fondements mêmes de la question.

Sans doute, M. F., l'œuvre du salut de chacun de nous n'est point l'œuvre d'un simple hasard, le résultat d'une rencontre fortuite. Notre salut procède de deux causes qui n'ont rien de fatal, à savoir, de la grâce que Dieu nous confère librement, et du concours que nous

(1) Rupert. *loc. cit.*

apportons librement à la grâce. En fait, Dieu qui veut le salut de tous les hommes, donne à tous les hommes des grâces suffisantes pour le salut. Mais, en fait aussi, un grand nombre d'hommes ne coopèrent pas à ces grâces, et manquent leur salut. Or, c'est ici que la difficulté semble plutôt reculée que résolue. Car, d'où vient que les mêmes grâces qui triomphent efficacement de la résistance des uns, n'exercent pas le même empire sur la volonté des autres? La grâce sans doute, la grâce la plus victorieuse, respecte toujours la liberté; mais son action est mêlée à la fois de tant de douceur et d'énergie, de tant de délicatesse et de vigueur, que si le franc-arbitre n'est pas contraint, il est néanmoins conquis; et cette conquête est si réelle, que la coopération humaine est toujours elle-même un effet de la grâce. Or, encore une fois, d'où procède cette diversité dans la puissance et dans les effets de la grâce? Question pleine de mystère, et dont la solution parfaite n'est point à la portée de nos esprits bornés. Mais, ce qu'on peut dire avec les plus illustres docteurs, par exemple avec saint Augustin et avec Suarès, c'est qu'un des principaux renforts du secours divin, un de ses traits les plus insinuants, consiste dans son opportunité.(1) Notre illustre prédicateur et profond théologien Bourdaloue a résumé solidement cette doctrine; (2) il a mon-

(1) Suares. Opp. T. VIII. Tract. de gratiâ, P. II, l. V. De auxilio efficaci, c. XLVIII, n. 16 et 17.

(2) Sermon pour le vendredi de la 3e semaine de Carême, sur la Grâce, 1re partie.

tré que, dans le cours ordinaire des choses, la grâce qui triomphe de nous, c'est celle qui s'assujétit à nous, celle qui prend les temps favorables, qui ménage les occasions et les conjonctures, qui dresse de saintes embûches à la volonté, qui la saisit comme au vol et à l'improviste dans les heures les mieux choisies et les plus convenables à son dessein. L'Écriture est pleine de textes qui autorisent ce sentiment. « En toute affaire, dit l'Ecclésiaste, c'est le temps et l'opportunité qui décident : *Omni negotio, tempus et opportunitas.* [1] » Ce n'est pas assez du champ, de la semence et de la pluie : il faut que l'assolement soit approprié à la semence, que celle-ci soit confiée aux sillons dans la saison, et que la pluie survienne en son temps. [2] La moisson dépend de tout ce concours de circonstances, et tout ce concours de circonstances ne dépend que de la miséricorde transcendante de Dieu. En quelque jour et à quelque heure que Dieu ait ouvert sa main, il est quitte envers sa créature, parce que la créature intelligente est toujours tenue de profiter du don de Dieu. Mais hélas! comment la créature sera-t-elle toujours attentive et éveillée pour ne perdre aucune parcelle du don offert? [3] Et, d'autant qu'il n'est pas donné aux hommes de connaître les temps et les moments que le Père a réglés dans sa souveraine volonté, [4] quel danger n'y

(1) Eccle. VIII, 6.

(2) Jacob, V, 7. — Deut., XI, 14.

(3) Eccle., XIV, 14. — (4) Act. I, 16.

a-t-il pas que les hommes ne laissent passer inaperçu le jour dans lequel Dieu, par une grâce suprême et décisive, avait résolu de les aider et de les sauver? ([1]) Ah! mes frères bien-aimés, c'est ici que je vois intervenir fort à propos celle que vous avez si bien appelée Notre-Dame de Bon-Encontre. Venez, ô Marie, voici que commence, à votre grand profit, votre rôle et votre ministère.

En effet, M. F., c'est un principe certain que Marie est investie du soin de la dispensation des grâces. Notre grand Bossuet (et quand je prononce ce nom, j'allègue une des plus belles lumières de l'Église), a mis dans tout son jour cette vérité, qui est une conséquence de la maternité divine. « Dieu ayant une fois voulu nous donner J.-C. par Marie, c'est un ordre qui ne change plus, parce que les dons de Dieu sont sans repentance. Il est et sera toujours véritable qu'ayant reçu par elle le principe universel de la grâce, nous en recevons encore par son entremise les diverses applications dans tous les états différents qui composent la vie chrétienne. Sa charité ayant tant contribué à notre salut dans le mystère de l'Incarnation, qui est le principe universel de la grâce, elle y contribuera éternellement dans toutes les autres opérations qui n'en sont que des dépendan-

([1]) Quia si cognovisses et tu, et quidem in hàc die tuâ, quæ ad pacem tibi : nunc autem abscondita sunt ab oculis tuis. Luc. XIX, 42.

ces. [1] Ainsi, M. F., Dieu est le principe de toutes les grâces, Marie en est l'instrument et l'instrument volontaire; Dieu en est la source, Marie en est le canal et le canal intelligent; Dieu en est l'auteur, Marie en est la libre distributrice. Vous l'avez entendu tout-à-l'heure de cette bouche si grave : « Les diverses applications de la grâce aux différents états qui composent la vie chrétienne, sont du ressort de Marie. »

Cela étant, M. F., et l'opportunité de la grâce ayant une liaison si intime avec son efficacité, ne comprenez-vous pas toute la part qui est faite à Marie dans l'œuvre de notre salut? De la jonction, de la rencontre qui s'opèrent entre la grâce et le libre arbitre, dépend le sort éternel de l'homme. Or, de chercher, d'attendre, d'aviser, de saisir le moment favorable pour cette jonction vitale et cette rencontre féconde, cela est au pouvoir ordinaire, cela est dans les attributions personnelles de Marie. La même grâce offerte à tel instant, serait une grâce commune, une grâce inutile, une grâce aggravante et accusatrice; offerte à tel autre instant, elle sera une grâce de choix, une grâce efficace et triomphante, une grâce de pardon et de salut. O Marie, ô souveraine trésorière et distributrice des dons célestes, qu'il fait donc bon de ne pas dédaigner votre intervention! qu'il fait bon d'être du nombre de ceux qui vous aiment et qui vous invoquent, qui placent en vous leur

[1] Bossuet, troisième Sermon pour la Conception, quatrième pour l'Annonciation, et premier pour la Nativité de la Sainte Vierge.

espérance et qui remettent leurs intérêts entre vos mains! qu'il fait bon de vous avoir pour entremetteuse et pour négociatrice auprès de Dieu! Vous êtes mère, ô Marie, et vous avez cette dextérité, ce savoir-faire qu'ont les mères au maniement physique et moral de leurs enfants. La mère n'offre point son sein à l'enfant dans le moment où elle devine qu'il le repousserait par dégoût ou par caprice; elle s'applique à lui présenter toujours l'aliment approprié à ses dispositions et à ses goûts. La grâce, ô Vierge sainte, c'est le lait nourricier, c'est l'aliment nécessaire de nos âmes. Mais tenez compte de nos heures de répugnance et de déraison, et donnez-nous toujours la nourriture convenable dans le temps propice : *Et tu das escam illorum in tempore opportuno.* (1) Le secours divin nous venant par vos mains, outre son mérite propre, il aura toujours le mérite de l'à-propos : *In auxilio opportuno* , (2) *adjutor in opportunitatibus.* (3) Et de la sorte, ô notre Mère, ô Vierge de Bon-Encontre, vous serez véritablement et en dernier ressort l'ouvrière de notre salut.

Mes Frères, j'ai expliqué, selon mes faibles lumières, le titre sous lequel Marie est ici invoquée. La vieille mère du petit berger n'avait pas songé, sans doute, à ces profondes significations. Mais puisque l'Ecriture elle-même, au témoignage de saint Augustin, offre à ceux qui la sentent des interprétations et des sens que

(1) Ps. CXLIV, 15. — (2) Hebr. IV, 16. — (3) Ps. IX, 10.

l'Esprit de Dieu, qui sait tout et qui voit tout, a prévus et a voulus, encore bien que l'écrivain inspiré n'en ait pas eu peut-être la conscience; tenez pour certain, M. F., qu'il entrait dans les desseins et dans les prévisions de Dieu que la parole, proférée ici il y a trois siècles, et transmise depuis lors de bouche en bouche, recevrait aujourd'hui devant cette imposante assistance ce commentaire et ce développement. Notre-Dame de Bon-Encontre : oui, cette simple appellation populaire nous dit en substance tout ce qui est contenu dans le texte que j'ai choisi, et que l'Eglise applique à Marie; elle nous dit que la divine Vierge, avec son front radieux et serein, se tient comme en embuscade le long de tous les sentiers de notre vie, épiant le moment de toucher nos cœurs, de les détacher du mal, de les conquérir à la vertu, en s'offrant à notre rencontre, les mains toutes pleines de grâces, dans les circonstances les mieux trouvées et les occasions les plus providentielles : *In viis ostendit se illis hilariter, et in omni providentiâ occurrit illis.*

En est-ce assez sur le nom de N.-D. de Bon-Encontre? J'aurais encore beaucoup à dire. Mais je ne puis me taire sur ses origines et sur son histoire.

Les origines de N.-D. de Bon-Encontre s'imposent à ma respectueuse croyance par l'analogie qu'elles ont avec celles de la plupart des pélerinages les plus accrédités. J'y retrouve le mode accoutumé de ces manifestations extraordinaires; et d'ailleurs, les acteurs qui figurent dans ce récit sont de ceux qui ont déjà reçu leur consécration dans les saintes Écritures.

C'est d'abord un berger, le plus jeune enfant d'une nombreuse et sainte famille. Pourquoi cet enfant, me direz-vous, et comment Dieu n'a-t-il pas choisi l'un des aînés de la maison, d'autant qu'il y a six frères plus âgés, dont trois appartiennent à l'Eglise? Ainsi le Bethléémite Isaï offrait-il successivement à Samuel tous ses fils, hormis un dernier dont il ne parlait pas même, pauvre pâtoureau occupé à garder les brebis dans la plaine : *adhuc reliquus est unus parvulus, et pascit oves.*(1) Or, c'est à celui-ci qu'était destiné le diadème d'Israël; c'est sur son front qu'allait être brisée la fiole d'huile. M. F., Dieu aime l'enfance, il aime la vie pastorale, et, le dirai-je, il aime aussi et il honore volontiers de ses divines préférences ces derniers rejetons qu'enfante la courageuse et fidèle vertu d'un mariage toujours honnête et immaculé. Vierge très-pure, vous ne me défendez pas de toucher en passant ce point de morale, de répéter ici la grande et nécessaire leçon de saint Paul aux époux : *honorabile connubium in omnibus et thorus immaculatus.* (2) Grand Dieu! si les vices de notre temps avaient pénétré sous le toit de l'antique Jessé, ou sous celui du pauvre Jean Fraissinet, le premier ne figurerait pas parmi les ancêtres du Sauveur, et le second n'aurait pas vu son nom s'immortaliser à Bon-Encontre.

(1) 1 Reg. XVI, 11. — (2) Libr. XIII, 4.

C'est donc un berger enfant qu'on voit intervenir à la naissance de ce pèlerinage, comme à celle du royaume d'Israël, et comme intervinrent aussi les bergers à la naissance du Christ. Mais c'est en outre un bœuf, dont la posture obstinément suppliante indique une sorte de vénération devant un objet mystérieux. Et ici encore, M. F., il n'y a rien de nouveau pour nous. Pourquoi le tranquille animal n'aurait-il pas discerné l'image de Jésus entre les bras de sa mère, lui qui a reconnu et vénéré son maître dans la crèche : *Agnovit bos... præsepe Domini sui?* (1)

Enfin, c'est un buisson qui est le centre du prodige; un buisson qui ne veut pas lâcher son trésor, qui le réclame et le reconquiert miraculeusement, qui ne s'en séparera point, sinon lorsqu'un sanctuaire s'élèvera sur son emplacement même. Les livres saints nous avaient préparé à ce prodige. N'est-ce pas dans un buisson qu'il fut donné à Moïse de voir le Seigneur, dans un buisson miraculeux qui brûlait et ne se consumait pas? (2) Et Marie, au livre des Cantiques, n'est-elle pas appelée le lys entre les épines? (3)

Je le dis sans hésitation, M. F. : après tant d'autres récits de l'Ecriture et de la tradition, ma piété ne trouve ici rien de malaisé à croire. *La charité*, dit saint

(1) Isaï. 1, 3

(2) Apparuitque ei Dominus in flammâ ignis de medio rubi ; et videbat quod rubus arderet et non combureretur. Exod. III, 2.

(3) Cantic. II, 2.

Paul, *croit* très-volontiers *toutes choses*; (1) c'est-à-dire, comme l'explique saint François de Sales, les âmes aimantes et bien faites ont plus de disposition et trouvent plus de suavité à croire qu'à douter ; « elles ne pensent pas aisément qu'on mente, et s'il n'y a des marques apparentes de fausseté en ce qu'on leur représente, elles ne font pas difficulté de l'admettre, surtout quand il s'agit de choses qui exaltent et qui magnifient l'amour de Dieu envers les hommes. (2) »

Mais si la charité ne suppose pas aisément le mensonge sur les lèvres des hommes, comment le supposerait-elle sur les lèvres de Dieu. Or, M. F., parcourez les annales de ce pèlerinage depuis trois siècles et au-delà : c'est un témoignage divin qui se renouvelle et se perpétue d'année en année, le témoignage du miracle, le témoignage des guérisons corporelles et spirituelles, et, par suite, le témoignage d'une affluence de visiteurs suppliants ou reconnaissants qui se grossit d'âge en âge. Or, c'est ici un signe décisif. En pareille matière, la critique n'a pas fait assez quand elle a jeté du doute sur la certitude du premier fait, sur la crédibilité des premiers témoins. Encore bien que, dans le cas présent, nous ayons pour nous la déposition de toute une famille, de toute une paroisse, qui a vu de ses yeux la merveille, je dirai volontiers que notre unique garant et notre vrai témoin, c'est Dieu lui-même, Dieu qui

(1) I Corinth. XIII, 7.
(2) Traité de l'Amour de Dieu, l. VII, c. 12.

n'est jamais complice du mensonge, et qui a authentiquement autorisé ce lieu de dévotion par une multitude de prodiges surnaturels que les tribunaux ecclésiastiques ont constatés.

C'est là, Mes Frères, la plus belle, la plus riche histoire de ce pèlerinage. Eux seuls la connaissent à fond, ces pieux prêtres de la société de Marie qui ont succédé ici aux antiques religieux, et qui sont journellement témoins des conversions et des grâces opérées dans ce sanctuaire. Je n'ignore point que les grandeurs de la terre l'ont visité à certains jours. N.-D. de Bon-Encontre a vu à ses pieds une Reine de France, elle y a vu le père du grand Condé; elle a reçu de loin les vœux du souverain qui a placé notre patrie sous le patronage de la Reine du ciel; d'illustres Pontifes, accompagnés des personnages les plus marquants de l'Etat, sont venus déployer ici la pompe de la religion; enfin, la noblesse, la bourgeoisie et l'édilité Agenaise se sont fait un titre d'honneur de protéger, de garder et d'orner ce saint lieu. Mais que furent ces lueurs passagères de gloire terrestre en comparaison du miracle permanent qui éclatait dans cette enceinte, qui attirait dans ses humbles murs des milliers de fidèles, et qui faisait comparer déjà, il y a deux siècles et demi, le pèlerinage de Bon-Encontre à ceux de N.-D. de Lorette et de Mont-Serrat?

Pieux habitants de la contrée, vous êtes devenus

dignes de posséder ce trésor, car dans les jours de l'impiété et de la terreur, vous avez su le défendre et le conserver. Aussi la Vierge Mère semble-t-elle vous aimer encore plus qu'elle n'aimait vos pères. J'en pourrais donner mille preuves; mais la plus convaincante, n'est-ce pas la faveur qui vous est faite en ce jour ?

Voit-on dans les annales des plus illustres sanctuaires du monde chrétien rien de plus solennel que ce qui s'accomplit sous vos yeux à cette heure? Les âges les plus reculés rediront qu'à la suite de nos tempêtes religieuses, un second temple infiniment plus ample, plus élégant, plus riche que le premier, ayant été élevé ici par le concours généreux d'un noble Prélat, de son pieux clergé et de tout son diocèse, ce fut un Prince de l'Église Romaine, assisté de l'Épiscopat de toute la province, ce furent les Pères du premier Concile d'Agen, escortés de leurs théologiens et des députés de leurs Églises, qui vinrent célébrer sa dédicace solennelle. Illustre cité d'Agen, présente ici par l'élite de tes magistrats et de tes citoyens, il te sera permis d'être fière de ces grands souvenirs. Je te dirai donc, comme Cyrille disait à la ville d'Éphèse: Salut à toi, noble cité de la préfecture Agenaise, qui nous donne pour quelques jours ta bienveillante et gracieuse hospitalité : *Salve, Asianæ præfecturæ decus !* Salut à toi, qui es entourée des temples de tes Saints comme d'autant de perles précieuses : *Undique Sanctorum templis, ceu pre-*

tiosis margaritis ædificata! (1) Salut à ton Phébade, cette pure gloire de l'Aquitaine, ce doux et courageux Pontife, qui défendait si fièrement son indépendance, et qui, dans un siècle de défections, mérita d'être compté parmi les meilleurs gardiens de la foi; à ce Phébade qui disait avec tant de raison que les plus dangereux ennemis de la religion et des âmes, ce sont ceux qui ont plusieurs points communs avec nous, et qui masquent ce qu'ils ont de mauvais sous le couvert de ce que nous avons de bon: *Dùm malorum suorum virus per bona nostra defendunt*; (2) à ce Phébade enfin, que sa mansuétude et sa modestie auraient incliné à garder le silence, mais qui, en présence des manœuvres de l'impiété, proclamait énergiquement cette sentence · *Destruenda sunt aliena ut nostris credatur:* il faut attaquer, il faut démolir les citadelles ennemies pour sauver nos propres forteresses; il faut renverser les doctrines étrangères, pour maintenir la foi des peuples à nos doctrines: *Destruenda sunt aliena ut nostris credatur.* (3) Salut aussi, salut à tes vaillants athlètes, Prime, Félicien, Vincent, Caprais; salut surtout à ta jeune héroïne, à ta vierge et martyre, à celle dont je

(1) S. Cyrill. Alex. Hom. II Ephesi habita.

(2) Vinci illi vel facile possunt, vel facile vitari, quorum primâ propositione omne concilium pectoris proditur. At verò ii quibus multa nobiscum paria sunt, facile possunt innoxias mentes et soli Deo deditas fraudulentâ societate percutere, dùm, etc. S. Phæbad. l. II, De fide orthod. c. 1, ap. *Migne*, Patrolog. t. XX, p. 34.

(3) Ibid. l. 1 contrà Arianos. c. 1. p. 19.

voudrais apprendre ici à bien parler, mais dont je puis dire déjà qu'elle a justifié les deux interprétations de son nom, puisqu'elle a scellé de son sang sa croyance, et que, par son cantique ardent et inspiré, elle s'est montrée une corde harmonieuse de la lyre du Christ : *Fides.* Salut, ô Agen, salut à toutes tes gloires anciennes et modernes ! Mais aujourd'hui tu brilles d'un nouvel éclat, consacrée que tu es par les pas de tous ces prophètes du Dieu vivant : *Nunc quoque multorum sanctorum Patrum et Patriarcharum trita vestigiis consecraris.* Oui, tes portes, tes rues, tes voies de fer, et de terre, et d'eau, ont été véritablement bénies par l'arrivée de tous ces Pères de ton Concile : *Ipsæ siquidem portæ, et vici, et portus, reverà sanctorum Patrum adventu benedicuntur.* Tes citoyens ont bien raison de jeter les fleurs et les guirlandes sur leur passage, de s'incliner sous leurs mains bénissantes : car, là où beaucoup de pasteurs sont rassemblés, il se fait un grand amas et une grande diffusion de sainteté et de bénédiction : *Nam ubì multi Patres congregantur, multa per eos fit congregatio sanctitatis.* Surtout quand ce sont des pasteurs comme ceux qui siégent devant nous : *Præcipuè verò hi* ; des Pontifes et des prêtres qui ne brillent pas seulement par les sentiments de leur religion privée et de leur vertu personnelle, mais qui sont les trompettes spirituelles de la vérité divine, et qui, dans plusieurs Conciles déjà, ont confondu toutes les erreurs criminelles de ce temps et relevé le glorieux drapeau de la foi orthodoxe : *Et per eos omnis, ut verbo dicam, nefaria hæresis confunditur, orthodoxa verò fidei gloria celebratur*; des Pontifes enfin et des prêtres, dont quelques-uns ont parcouru les quatre parties du monde avec une activité infatigable, *qui quadripartitum orbem indefessâ peregrinatione peragrarunt,* et que ni les distances énormes des lieux, ni les ardeurs brûlantes de l'été, ni la fureur indomptée des flots courroucés, ni les tempêtes orageuses des mers n'ont pu empêcher d'arriver fidèlement et joyeusement à ce solennel rendez-vous : *Quos nec æstus, nec maris procellæ, nec insanientium fluctuum indomitus furor retardarunt, quominus fidelibus gressibus exultantes hùc convenirent.* (1) Oui, noble cité d'Agen, c'est là pour tes annales une gloire qui égale, si elle ne dépasse pas toutes tes gloires. Mais tu ne seras point jalouse de cette journée passée tout entière hors de tes remparts; car ce sanctuaire est le tien, c'est la plus riche perle de ta couronne; c'est le palais de ta Reine, de ta Mère, de la gardienne de tes foyers; tu le considères comme faisant partie intégrante de tes murs; et aucun titre d'honneur, aucun sujet de joie, ne te seraient suffisamment acquis, si tu ne les partageais avec lui. D'aujourd'hui donc, lui aussi sera plus saint et plus fécond encore que par le passé; et, après que ses portes, ses murs, ses autels, ont été oints et consacrés par tant de mains pontificales, il s'y amassera un plus riche trésor et il s'y fera une plus large effusion de bénédictions et de grâces : *Nàm ubi*

(1) S. Cyrill. homil. II.

multi Patres congregantur, multa per eos fit congregatio sanctitatis.

O admirable progrès! merveilleux épanouissement des œuvres divines! Qui l'eût dit, qui l'eût pensé, que la modeste statue trouvée dans ces broussailles par un pauvre berger, serait un jour placée dans un temple si magnifique, avec un pareil concours et une pareille solennité? Et pourtant ce sont là des merveilles ordinaires au sein de la société chrétienne. C'est le grain de senevé qui, après avoir été la plus petite de toutes les semences, devient un grand arbre sous les rameaux duquel les oiseaux du ciel viennent s'abriter, ainsi que l'a dit N. S. J.-C. (1) Il est vrai, le même Sauveur a dit aussi cette autre parole : On ne vendange pas des raisins sur les ronces : *Neque de rubo vindemiant uvas*; (2) et cette parole semble avoir reçu ici un démenti. Quelles grappes vermeilles, en effet, quelle magnifique vendange, récoltées depuis trois siècles sur le buisson de Bon-Encontre! Jamais plantation ne fut plus fertile et plus productrice. La céleste liqueur de la piété, de la dévotion, mais surtout le vin de la miséricorde divine n'a cessé d'en sortir toujours plus abondant et plus exquis : *De rubo vindemiant uvas.*

Et maintenant, ô très-sainte Vierge Marie, justifiez

(1) Matth., XIII, 31, 32. — (2) Luc., VI, 44.

à tout jamais ici le nom sous lequel vous y êtes honorée ! Du fond de ce sanctuaire, employez toujours votre industrie maternelle à ménager ces heureuses coïncidences, ces occurrences précieuses, d'où naît le triomphe de la grâce. Il est écrit que celui qui vous aura trouvée, trouvera la vie, et qu'il puisera le salut aux sources du Seigneur. [1] Eh bien ! je vous en conjure, ô Marie, soyez pour moi, soyez pour chacun de nous aujourd'hui Notre-Dame de Bon-Encontre : *Occurre, obsecro, mihi hodiè.* [2] A moi seul, hélas ! je ne saurais pas trouver la fontaine de la grâce, la source du Seigneur ; je ne saurais pas y puiser, je ne saurais pas y boire. O vous, grâcieuse et charitable Rebecca, descendez à point nommé, à l'heure marquée, auprès de la fontaine ; emplissez, emplissez votre urne ; puis, penchant le vase sur votre bras, abaissez-le miséricordieusement à ma portée, inclinez-le jusqu'à mes lèvres, afin que je n'aie qu'à ouvrir la bouche, et que je boive et que je me désaltère pleinement, moi et tout mon troupeau : [3] *Occurre, obsecro, mihi hodiè.* Et comme nous avons besoin de la grâce tous les jours, daignez, ô notre Rebecca, daignez nous réitérer tous les jours le bienfait de votre rencontre. Montrez-vous toujours avec la même bonne grâce et le même à-propos sur tous les chemins de notre vie mortelle ; venez toujours au-devant de nous avec la même prévoyance charitable ; jusqu'à ce que nous soyons conduits par vous à la rencontre de

[1] Prov. VIII, 35. — [2] Gen., XXIV, 12. — [3] Ibid., 15-19.

Jésus dans les airs, [1] et que nous soyons mis en possession avec vous de cette vision éternelle qui sera notre commune et éternelle joie : *Ut videntes Jesum, semper collætemur.* [2]

AMEN.

(1) I Thessal., IV, 16.
(2) Hymn. *Ave maris Stella.*

Agen, Imprimerie de Prosper Noubel.

www.ingramcontent.com/pod-product-compliance
Ingram Content Group UK Ltd.
Pitfield, Milton Keynes, MK11 3LW, UK
UKHW022200190726
13855UKWH00004B/1559

9 782013 059251